27.
Ln 1582.

A LA MÉMOIRE

DE

CHARLES ALBERT OTT.

DISCOURS

PRONONCÉ LORS DE L'ENTERREMENT AU TEMPLE-NEUF A STRASBOURG

LE 30 JUILLET 1864,

PAR

L. LEBLOIS,

PASTEUR.

STRASBOURG,

IMPRIMERIE DE FRÉDÉRIC-CHARLES HEITZ,

RUE DE L'OUTRE, 5.

1864.

Né à Strasbourg, le 13 mai 1843.
Décédé à Bâle (Suisse), le 27 juillet 1864.

Mes frères,

C'est avec un louable empressement que vous êtes venus manifester votre vive sympathie à la famille si douloureusement frappée dans la personne de ce jeune homme qui devait perpétuer son nom avec honneur et distinction.

Qui n'éprouverait aujourd'hui ces sentiments? Qui ne compâtirait en particulier avec la veuve infortunée, privée il y a trois ans déjà de son époux, à un âge où l'on était en droit d'attendre encore pour lui de longues années d'activité? Elle avait supporté cette première perte avec une force admirable. Elle était soutenue par le dévouement de son beau-frère, soutenue surtout par l'espérance de voir bientôt son fils unique la soulager, et mettre au service de l'industrie paternelle, l'éclat d'un talent artistique des plus rares et des plus distingués.

Combien cette espérance était fondée! A peine sorti de l'enfance, le jeune Albert avait su se faire aimer de tous ceux qui l'approchaient, par son caractère doux et affable, par son empressement à se rendre utile. Il avait donné à son père la joie, — qui n'est pas toujours accordée aux pères, — de voir se manifester chez son fils un goût signalé pour sa propre industrie. Et quand le jeune homme révéla spontanément son beau talent de peinture et de modelage, nous tous qui l'avons connu, nous vîmes déjà, en pensée, le futur orfèvre embellir ses travaux de tous les ornements de l'art et de toutes les inventions du génie.

Envoyé à Paris pour y développer ses riches aptitudes, il sut si bien se faire apprécier des connaisseurs, qu'on voulut le retenir dans la capitale, pressentant en lui les germes d'une illustration future. Albert aima mieux apporter sa renommée naissante à sa famille et à sa ville natale. Après un voyage dans le midi, il traversa la Suisse pour rentrer dans ses foyers. Et c'est aux portes de la France, que subitement il succombe, le jour même où il devait revenir au milieu des siens!

En présence d'un pareil coup, l'esprit n'est-il pas atterré? Ce n'est pas, hélas! une de ces épreuves où la réflexion interrogée et l'intelligence consultée, trouvent facilement une réponse à la question: Pourquoi a-t-elle eu lieu? Quel a été le but de Dieu en l'envoyant? — Oui, l'intelligence et la réflexion sont ici impuissantes. Abandonnées à elles-mêmes, elles creusent, — et où creusent-elles? Dans le sable où ne jaillit point la source de la consolation.

Aussi, mes frères, n'est-ce point à votre intelligence ni à votre réflexion que je veux m'adresser en ce moment. Il est une autre puissance en vous, qui parle là où la pensée se tait, une puissance merveilleusement douée, qui a le privilége de nous mettre en communion directe avec Dieu, et de nous ouvrir l'inépuisable fonds des consolations divines. Cette puissance, c'est le cœur.

C'est à votre cœur que je veux faire un appel. Il y a des pères parmi vous. Or, je vous le demande, y en a-t-il un seul, qui ait jamais voulu, qui ait jamais cherché sciemment le malheur d'un de ses enfants? Quel a été toujours votre vœu le plus sincère, votre ambition la plus persévérante? N'était-ce pas de contribuer à rendre vos enfants heureux? Quand un fils vous est né, n'avez-vous pas senti je ne sais quelle fierté paternelle s'emparer de vous? N'avez-vous pas concentré sur cet être délicat toute votre affection? N'avez-vous pas considéré comme votre devoir le plus cher de préparer son bonheur futur? Souvent, il est vrai, vous avez dû agir contrairement à ses volontés et à ses caprices. Mais qui de vous, lorsque votre enfant vous demandait du pain, a eu l'idée de lui donner une pierre, ou, s'il vous demandait un poisson, de lui donner un scorpion?

Je vois aussi des mères dans cette assemblée. Vous, mes sœurs, qui ne vivez, pour ainsi dire, que d'affection et de dévouement, vous dont toutes les facultés se résument en une seule, l'amour de vos enfants, concevez-vous qu'une mère puisse volontairement, sciemment nuire à son enfant, et chercher elle-même son malheur? Tous vos procédés à l'égard des vôtres, par quels sentiments sont-ils dictés, si ce n'est encore par le désir le plus ardent de les voir heureux et de concourir à leur bonheur, fût-ce au prix de votre repos, de votre santé et de votre vie?

S'il en est ainsi, je vous le demande, mes chers auditeurs, que devez-vous attendre de Dieu, qui est à la fois le Père des pères et, quelque inusitée que soit cette expression, la Mère des mères? de Dieu, qui est la source de toute vie, de tout bonheur, de toute félicité, qui ne donne la vie que pour donner le bonheur? de Dieu, enfin, qui réunit dans son Être absolu tous les sentiments d'amour, de sollicitude, de dévouement que nous trouvons dans le cœur des meilleurs parents, et qui les possède tous au plus haut degré et dans leur infinie plénitude?

Pouvez-vous admettre que dans ses rapports avec nous, il ait d'autres vues que de nous conduire au bonheur, au bonheur suprême? Même lorsqu'il nous envoie des épreuves amères, lui supposerez-vous d'autres intentions? Non, mes frères, car il ne serait plus Dieu, il ne serait plus l'Être parfait, il ne serait plus le Père de ses créatures.

Si donc, frappés d'un grand malheur, accablés sous le poids d'une épreuve déchirante, nous demandons : Pourquoi Dieu a-t-il permis cette cruelle affliction ? le cœur nous fait répondre : Qu'il me suffise de savoir que Dieu l'a permise. Car Dieu est pour moi un Père, Dieu est bon et miséricordieux, Dieu m'aime et me bénit, ainsi que tous les miens. Il n'a en vue que notre commun bonheur. Je me soumettrai donc à ses desseins paternels, me rappelant que sa sagesse est plus grande que la mienne, et que son amour surpasse toutes mes pensées. Je répéterai avec Jésus : Père, que ta volonté soit faite et non la mienne !

Heureux celui qui tient ce langage, car c'est en cela que consiste *la foi*. La foi, c'est cette conviction intime et profonde, cette ferme et inébranlable certitude que Dieu nous aime et s'occupe de nous, avec une sollicitude qui jamais ne se lasse ; qu'il compte, comme dit l'Évangile, les cheveux de nos têtes, et à plus forte raison, nos soupirs, nos larmes et nos douleurs ; qu'il nous enveloppe de sa sollicitude infinie, alors même qu'il semble nous oublier, et qu'en apparence il nous laisse tomber et nous engloutir dans un océan d'angoisses et de tribulations.

Je ne pense pas que la foi puisse se donner ou s'enseigner. Elle est en germe dans le cœur. Elle se développe avec lui. Un homme sans cœur, — je veux dire un homme dans lequel une fausse éducation a obscurci, paralysé cette puissance céleste, — est aussi un homme sans foi. Plus le cœur s'élève et se purifie, plus la foi elle-même gagne en grandeur et en intensité, plus son action sur notre vie spirituelle devient puissante et merveilleuse.

„ C'est ce qu'exprime cette parole si simple et si profonde de l'Évangile : Bienheureux ceux qui ont le cœur pur, car ils verront Dieu ! Le monde divin avec ses richesses ineffables, avec ses trésors cachés à l'œil charnel, sera comme dévoilé devant eux. Ils n'ont plus besoin de *croire,* ils *voient*. La foi chez eux a atteint le degré le plus élevé : elle s'est changée en vue, comme la fleur se change en fruit.

Placés sur ce terrain, l'intelligence et la réflexion, qui, tout à l'heure, envisagées en elles-mêmes, s'étaient montrées impuissantes, peuvent nous être très-utiles, et nous apporter le précieux concours de leurs lumières.

Lorsque la foi nous fait envisager face à face les richesses de l'amour de Dieu, dont la contemplation devrait entretenir en nous une paix inaltérable et une perpétuelle sérénité, — l'intelligence et la réflexion nous engagent, nous qui pleurons lorsque Dieu nous éprouve, qui nous abandonnons à la tristesse et au désespoir, lorsqu'il nous envoie ce que nous appelons un malheur, elles nous engagent, dis-je, à nous interroger nous-mêmes et à nous demander quels sont les véritables motifs de notre affliction et de nos pleurs. Si alors nous voulons répondre avec franchise et sincérité, ne sommes-nous pas obligés de dire que ce que nous regrettons en grande partie, ce sont nos espérances *terrestres* trompées? Nous nous sommes construit dans notre pensée, un édifice de bonheur terrestre, et cet édifice a été renversé et détruit.

Or, je vous le demande, ce qui est terrestre, n'est-il pas essentiellement périssable? S'attacher aux choses terrestres, n'est-ce pas ressembler à un voyageur qui croit marcher sur un terrain solide et qui s'approche d'un abîme où le sol va lui manquer et lui-même être englouti? Mais, hélas! dites-vous, pouvons-nous faire autrement? Êtres matériels, pouvons-nous éviter de nous attacher à ce que ce monde matériel nous offre? Il est vrai, durant notre passage sur la terre, nous sommes constamment tentés de former des espérances terrestres et de rechercher un bonheur purement terrestre. Même en aimant Dieu, en nous occupant de lui, en nourrissant dans nos cœurs la foi en lui, nous avons peine à éviter l'attrait et la vivacité des attachements terrestres. Il semble alors qu'un voile nous couvre les yeux et que des ténèbres nous obscurcissent la vue. Mais c'est alors aussi que l'épreuve exerce sur nous son influence salutaire, en déchirant ce voile, en dissipant ces ténèbres, et en nous montrant au-dessus des choses transitoires, l'éclat des choses éternelles, en faisant luire à nos yeux, par-delà les joies trompeuses de la terre, les béatitudes réelles de l'immortalité.

Faut-il, mes frères, vous dire toute ma pensée?

Pour que vous ne vous mépreniez pas sur la portée de ce que je vais vous dire, sachez que celui qui vous parle a lui-même beaucoup souffert. La coupe de sa vie a été mêlée de plus d'amertumes que de joies, il est peu de douleurs qu'il n'ait appris à connaître par sa propre expérience.

Eh bien, mes frères, je plains ceux qui n'ont jamais eu d'épreuves. Je sais que cette manière de voir n'est pas conforme à l'opinion vulgaire, qui les considère comme des êtres privilégiés, dont le sort est digne d'envie.

En thèse générale, l'idéal du bonheur pour bien des personnes c'est un état de choses où l'homme peut se procurer tout ce qu'il désire et ne rencontre nulle entrave à l'accomplissement de ses volontés et de ses caprices. C'est dans ce sens qu'on dit: «Être heureux comme un prince», sans songer que c'est précisément ce genre de bonheur qui est le plus nuisible à l'homme. Demandez à un médecin ce que deviendrait notre corps s'il n'était nourri que de douceurs. Il vous répondrait que ce serait le moyen le plus certain de le conduire au tombeau, et que, par contre, les remèdes amers sont les plus efficaces pour lui donner la vigueur et la santé. Il en est de même de notre âme. Une existence exempte d'épreuves, et où nous verrions chaque jour nos volontés satisfaites, exercerait sur notre intérieur l'influence la plus pernicieuse. Les afflictions, au contraire, nous retrempent, nous ennoblissent et nous élèvent. Bienheureux les affligés! dit Jésus. Quelque paradoxale que semble cette parole, quiconque a senti par expérience combien l'affliction nous rapproche de Dieu, et devient pour nous une source de joies inexprimables, que nul bonheur terrestre ne saurait nous donner, celui-là en appréciera toute la justesse et y souscrira sans réserve. Douterez-vous par exemple que Jésus ait été heureux. Et cependant quelle vie plus traversée, plus éprouvée, plus déchirée que la sienne!

Qui pourrait décrire ce que ressent une âme que l'épreuve a élevée au-dessus de toutes les choses périssables, pour vivre en communion avec son Dieu! Le bonheur qu'elle ressent contrebalance toutes les souffrances extérieures. Elle semble vivre dans une sphère toute différente de celle où se meut son corps. C'est ce que cherche à rendre palpable à notre esprit cette ancienne légende qui nous montre trois jeunes gens plongés, par un tyran, dans un four enflammé, et qui, sans rien sentir du feu qui les entoure, chantent avec joie les louanges du Seigneur!

Et maintenant, mes frères, qui que nous soyons, quel fruit devons-nous retirer de cette épreuve?

Vous tous qui êtes unis par les liens du sang ou de l'alliance à celui que nous regrettons, vous en qui l'amour des choses religieuses se transmet comme un héritage de famille, et qui par votre attachement à toutes les idées généreuses, par votre dévouement aux grands principes de vérité, de justice et de progrès, prouvez combien vous êtes convaincus que l'homme ne vit pas de pain seulement et qu'il ne doit jamais sacrifier les intérêts éternels à la satisfaction des intérêts purement terrestres, que cette perte inattendue, au lieu de vous abattre, ne serve, au contraire, qu'à vous fortifier dans ces chrétiennes dispositions, et à vous faire persévérer dans la voie de la vraie lumière et de la vraie religion. Qu'elle vous engage enfin, à vous attacher avec une ferveur d'autant plus grande au Dieu tout-puissant, de qui dépend la vie et la mort, au Dieu d'amour, qu'on ne se repent jamais d'avoir servi, et qui fait concourir toutes choses, dit l'apôtre, au bien de ceux qui l'aiment.

Et vous jeunes amis du défunt, vous qui l'avez aimé de toute la force de votre être, et qui vous joignez à nous, aujourd'hui, pour pleurer sa perte, que cette mort prématurée exerce sur vous aussi une influence salutaire et sanctifiante. Qu'elle vous porte à tourner vos regards vers ce monde supérieur, but constant des plus nobles aspirations de l'humanité, et où brillent dans une splendeur sans tache, les biens suprêmes de l'âme. Vous êtes dans cet âge des passions, où les écarts sont faciles, et où l'on se détourne volontiers du droit chemin. Mais n'est-ce pas aussi l'âge des grandes pensées et des nobles ambitions? Qui a jamais été vraiment utile à ses semblables, sans avoir nourri, dès sa jeunesse, des sentiments élevés, sans avoir ouvert son cœur, dès le réveil de l'âme, au culte du bien? Prenez donc, jeunes gens, prenez, près du cercueil de votre ami, la ferme résolution de creuser votre sillon dans le champ de la vie, pour y semer, non la semence de l'égoïsme, d'où l'on ne moissonne que le mépris, mais la semence de la justice et du dévouement qui seule procure la paix intérieure, l'estime, l'affection et la gloire véritables.

Et nous tous, pères de famille, qui voyons par ce tragique exemple avec quelle rapidité nos enfants peuvent nous être enlevés, qui voyons comment, après de longues années de soins, de sollicitude et d'affection, nos espérances les plus légitimes peuvent être renversées en un moment, ne sortons pas de cette enceinte, sans en emporter, nous aussi, de sérieuses résolutions à l'égard de ceux que Dieu nous a confiés ou qu'il nous a laissés. Promettons-lui de songer moins, en les élevant, à leur laisser une grande fortune et à leur procurer une position élevée selon le monde, qu'à former en eux le caractère et le cœur, à leur inspirer ces sentiments de droiture, de désintéressement, de miséricorde, de fidélité qui constituent le plus bel apanage de l'homme, et qui les élèveront au rang des membres de l'humanité et de l'Église universelle.

Avec ces sentiments ils seront plus grands et plus dignes d'estime, que par la possession de tous les trésors de l'univers. Avec ces sentiments aussi ils pourront remplir leur mission sur la terre, soit que Dieu les destine à y demeurer longtemps, soit qu'il ne leur accorde qu'un séjour de courte durée. Alors aussi, si votre nom devait périr de bonne heure parmi les hommes, si ceux que vous avez élevés selon ces principes, devaient être les derniers à le porter, vous auriez du moins cette satisfaction bien douce, mais aussi bien rare, de voir votre famille s'éteindre, non dans la honte et dans l'oubli, mais dans le respect et dans l'honneur.

www.ingramcontent.com/pod-product-compliance
Lightning Source LLC
Chambersburg PA
CBHW071440060426
42450CB00009BA/2256